中國上古天文

［日］新城新藏◎著
沈璿◎譯

山西人民出版社
山西出版傳媒集團

圖書在版編目(CIP)數據

中國上古天文 / [日]新城新藏著;沈璿譯. —太原: 山西人民出版社, 2015.12(2024.2重印)
(近代海外漢學名著叢刊 / 鄭培凱主編)
ISBN 978-7-203-09218-6

Ⅰ.①中… Ⅱ.①新… ②沈… Ⅲ.①天文学史—研究—中国—古代 Ⅳ.①H146.2

中國版本圖書館CIP數據核字(2015)第200054號

中國上古天文
叢刊主編　鄭培凱
著　　者　[日]新城新藏
譯　　者　沈　璿
責任編輯　梁晉華
助理編輯　郭向南

出 版 者　山西出版傳媒集團·山西人民出版社
地　　址　太原市建設南路21號
郵　　編　030012
發行營銷　0351-4922220　4955996　4956039
　　　　　0351-4922127(傳真)
天猫官網　https://sxrmcbs.tmall.com　0351-4922159(電話)
E-mail　sxskcb@163.com　發行部
　　　　　sxskcb@126.com　總編室
網　　址　www.sxskcb.com

經 銷 者　山西出版傳媒集團·山西人民出版社
承 印 廠　山西出版傳媒集團·山西新華印業有限公司

開　　本　700mm×970mm　1/16
印　　張　7
字　　數　33千字
版　　次　2015年12月　第一版
印　　次　2024年2月　第二次印刷
書　　號　ISBN 978-7-203-09218-6
定　　價　36.00圓

《近代海外漢學名著叢刊》編委會名單

出版説明

《近代海外漢學名著叢刊》選取一九四九年以後未再刊行之近代海外漢學作品，編例如次：

一、本叢書遴選之作品在相關學術領域具有一定的代表性，在學術研究方嚮、方法上獨具特色。

二、爲避免重新排印時出錯，本叢書原本原貌影印出版。影印之底本皆經專家組審定，原書字體大小、排版格式均未做大的改變。

三、爲使叢書體例一致，本叢書前言後記均采用繁體字排版。

四、個別頁碼較少的版本，爲方便裝幀和閱讀，進行了合訂。

五、少數作品有個別破損之處，編者以不改變版本内容爲前提，部分進行修補，難以修復之處保留缺損原狀。

六、原版書中個別錯訛之處，皆照原樣影印，未做修改。

由於叢書規模較大，不足之處，在所難免，殷切期待方家指正。

—總序—

温故而知新

晚清以來，西力東漸，西方文化思想的著作也大量譯成中文，最著名的如嚴復與林紓的譯著，影響了整個二十世紀中國的知識界與文學界，使得中國文化的思維脈絡爲之丕變。除了西方思想經典、文學與實證科學著作的翻譯，以實證方法系統化探討中國文史的域外漢學，也對中國學術思想界産生了莫大衝擊，改變了中國學術的著述方法與取嚮。

中國傳統的知識結構，是按經史子集四庫分類的，以儒家意識形態的經學爲文化知識的砥柱，以史學爲貫串歷史經驗的殷鑒，至於子部與集部，則是作爲保存文獻、擴大知識面的附帶知識，可以耽情冥想，可以悠遊玩賞，却都是邊緣化的知識，無關聖教的弘揚，無關文化精髓的宏旨。西方文藝復興之後的現代學術體系，在知識分類上，與中國傳統大相徑庭，講究系統分科，不同知識領域各有其客觀存在的價值，有其相對獨立的目的與標準。日本知識界在明治維新以來，鑒於東方文明落後於西方的船堅炮利，率先效法西方，在追求“文明開化”、“脱亞入歐”的過程中，爲日本學術發展循着現代西方的體例，建立了哲學、文學、歷史學、經濟學、法學、商學、物理學、化學、地質學、醫學、農學、工程學、植物學、動物學等等新型學科，企圖與西方學術齊頭並進，從而影響了中國近代學術體系的發展。

本叢刊選印二十世紀上半葉出版的漢學譯著近百冊，分爲三大類："歷史文化與社會經濟"、"古典文獻與語言文字"、"中外交通與邊疆史"，反映民國時期學術界重視西方及日本漢學研究的成果，藉助他山之石，重新審視中國傳統歷史文化的意義，特別是開拓了傳統學術忽略的領域。五四新文化運動以來，中國學者如蔡元培、胡適都提倡"整理國故"，以理性實證的方法，對中國文化傳統做出系統化的研究，是與這些漢學譯著相輔相成的。這些譯著除了介紹域外漢學的成果，還引進了嶄新的學術研究方法與視角，有助於梳理中國文化傳統的脈絡，重新整合知識結構與學術體系。雖然這些學術著作不是中國學者的成就，無法納入二十世紀中國文史學術的主脈，但是從中文譯本的影響而言，起碼也應當視爲中國近代學術發展的支脈或潛流，不容忽視。可惜的是，到了二十世紀下半葉，因爲兩岸政治形勢的變化，這些漢學譯著，除了部分因王雲五重新入主臺灣商務印書館，而得以在臺灣做了少量的重印，在大陸的出版界，則完全受到遺忘，甚至在許多新成立的大學圖書館中也不見踪影。我們搜集了近百冊塵封的漢學譯著，呈現給二十一世紀的中國學術界，一方面是爲了銘記前人爲推展學術而做出的努力，另一方面也是爲了提醒新常態時期的學人，學術發展有其歷史累積的脈絡，可以從中汲取歷史經驗，温故而知新。

説到"温故知新"與這批早期漢學譯著的關係，可以從兩個方面來思考，以見翻譯域外漢學如何反映了時代精神，爲融匯東西方學術思維，重新闡釋中國文化傳承，做出不可磨滅的貢獻。一是域外漢學的研究對象，以中國歷史文化典籍爲主，屬於中西文化碰撞期間興起的"國學"範疇，與五四新文化人物提倡的"整理國故"運動若合符節。研究中國歷史文化，並賦予新的學術意義，是清末民初知識精英念兹在兹的心結。歷史發展走到一個環節，時代的狂風揚起了批判傳統的大旗，風中的英雄幫着推波助瀾，却又無時或忘自己民族文化主體的未來，糾纏於“傳統”能否“現代”的困境。域外漢學的出現，以西方實證方法研究中國歷史文化傳統，綜合東西方各種語言文字材料，擴大了研究國學的眼界，即使無法打開中國文化傳統是否走到盡頭的心結，至少是提供了一個解惑的方嚮，在大霧彌漫的夜晚，看到了依稀渺茫的星光。

二是翻譯域外漢學，有一種以子之矛攻子之盾的吊詭作用，逐漸化解了中國文化思維中的自大心理與封閉心態，讓唯我獨尊的國粹基本教義派解除武裝到牙齒的盔甲，轉而吸收並接受西方實證研究的學風。民國期間新式教育制度的推行、學術體系的變化、大學學術專業的創建，具體到北京大學國學門的成立，中央研究院規劃歷史、語言、考古的研究領域，都與翻譯域外漢學背後的旨意是息息相關的。因此，重新閱覽這批民國期間的漢學譯著，對二十一世紀的現代學人來説，温故而知新，不但可以窺知民國學人追求新知的心理狀態，也會刺激吾人反思，認真思考學術研究方法與中國學術發展的前景，更進一步，探索文化傳統的重新闡釋與新知介入的關係。知識體系的變化當然與傳統的重新闡釋有關，是外爍的影響大呢，還是内因變化的成分居多？

《論語·爲政》記載孔子説：“温故而知新，可以爲師矣。”歷代解經，對這個“爲師”的道理，有兩種相近似但又取嚮不同的解釋。朱熹《四書集注》説：“故者，舊所聞。新者，今所得。言學能時習舊聞而每有新得，則所學在我而其應不窮，故可以爲人師。若夫記問之學，則無得於心而所知有限，故《學記》譏其不足以爲人師，正與此意互相發也。”雖然朱熹把知識分爲“舊所聞”與“新所得”，强調的却是“學而時習之”，從中生發新的心得，也就是從詮釋舊典中得到新知。這個説法與朱熹在鵝湖之會以後，作詩唱和，寫給陸九淵的詩句，“舊學商量加邃密，新知涵養轉深沉”，异曲同工，是一個意思，萬變不離其宗，舊學與新知是同一個脈絡的知識學理。

然而，有些朱熹之前的經學家，解釋“温故知新”，却有不同的取嚮。皇侃

《論語義疏》就説："故，謂所學已得之事也。所學已得者則温尋之不使忘失，此是月無忘其所能也。新，謂即時所學新得者也。知新，謂日知其所亡也。若學能日知所亡，月無忘所能，此乃可爲人師也。"皇侃明確説到，"故"指的是過去所學的知識，而"新"則指的是新近學到的知識，新舊結合，相互發明，就可以"爲人師"了。邢昺《論語注疏》循着皇侃的思路，也説："言舊所學得者，温尋使不忘，是温故也。素所未知，學使知之，是知新也。既温尋故者，又知新者，則可以爲人師也。"這裏講的"素所未知"，就不祇是研讀舊學，有了新的體會，從過去的傳統中發展出的"新知"，而是從來没聽過、没想過的新學問了。這種"素所未知"的新學問，結合"舊所聞"，對習以爲常的知識框架，就會産生巨大的衝擊，而出現飛躍性的結構變化。知識内容或許大體沿襲傳統，知識結構却得以重新整合，出現嶄新的認知系統，重新審視自己文化傳統的意義，打開文化傳承的新局面。二十世紀上半葉的漢學譯作，就發揮了這樣的作用，促使中國學者放棄自我中心的文化態度，從各種不同側面，探知中國歷史文化的光譜，以域外（或是全球）的角度觀測中國傳統，摇動了文化的萬花筒，看到七彩繽紛的中國。

嚴復在甲午戰争之後，改良變法思想風起雲涌之時，開始大量翻譯西方思想經典著作，是有感於國人（特别是傳統文化孕育的知識精英）思維系統封閉，企圖介紹實證新知，引進邏輯思維的方法，以破除儒學之道"一以貫之"與"放之四海而皆準"的虚妄。他翻譯《天演論》，在序文中提到，有人歸納東西方學術思想，認爲中國文化重精神，是形而上之學，立意高超，而西方文化重物質，是形而下之學，祇追求功利的回報。他認爲，這種自以爲是的蒙昧態度，陷入傳統舊學的框囿而不自知，没有自我反思的能力，無法吸收"素所未知"的新知識，也就無法開展並弘揚自己的文化傳統。嚴復非常清楚他翻譯西方經典的目的，是爲了介紹新知，打破中國傳統思維的封閉性，但是，作爲披荆斬棘的拓荒人，他深知思想封閉者的頑固心理，必須因勢利導，以免遭到盲目衛道之士的攻訐。嚴復有其防身的策略，不會像許褚戰馬超那樣赤膊上陣，而是以桐城文章譯述赫胥黎、斯賓塞、穆勒、亞當·斯密、孟德斯鳩，博得晚清知識精英的贊許，文章深閎而傳入了新知義理。從文化變遷的角度而言，通過翻譯，以迂迴戰術來介紹西方思想，得到巨大的成功，產生了改變傳統思維體系的實效，是中國近代思想史上影響深遠的大事。以此類推，民國時期大量翻譯域外漢學的影響，也是不容忽視的思想史課題。

關於清末民初西方學術思維衝擊中國知識精英，顛覆傳統文化的知識結構，錢穆在《現代中國學術論衡》的序言中，從中國文化本位的立場，發出深刻的感慨，做了籠統的批評："文化异，斯學術亦异。中國重和合，西方重分別。民國以來，中國學術界分門別類，務爲專家，與中國傳統通人通儒之學大相違异。循至返讀古籍，格不相入。此其影響將來學術之發展實大，不可不加以討論。"錢穆所指出的問題，是傳統知識體系强調"通"，文史哲不分家，最崇尚通儒，而現代學術講究專業分科，各司其職，以至於讀不通古籍呈現的整體性知識思維。姚名達在撰寫《中國目録學史》的時候，對西力東漸，西潮帶來的翻譯著作及新知新學，也有類似的感慨："四部分類法，不合時代也，不僅現代爲然。自道光、咸豐允許西人入國通商傳教以來，繼以派生留學外國，於是東西洋洋籍逐年增多。學問翻新，迥出舊學之外。目録學界之思想不免爲之震蕩。"這種對學術體系發生重大變化的觀察，反映了中國學人從晚清一直到民國，夾在東西方兩種不同思維體系的衝突中，身歷其境的切身感受，因此感觸良多。

二十世紀上半葉最能代表中國學術的通儒是王國維與陳寅恪，他們浸潤了經史子集的四部知識傳統，承繼乾嘉篤實的考據學風，却都經過西洋邏輯思維與實證科學的洗禮，參與中國知識結構的轉型。對西方現代知識結構如何在中國生根發芽，不但再三致意，并且以自己的學術實踐來努力促成。王國維早在一九〇二年就寫信給張之洞，反對把經學列爲大學分科之首，而主張效法西方與日本的大學，設立哲學科，明確指出知識結構的分類不可因循傳統，而必須另起爐竈。陳寅恪在一九二五年就清華大學建制的問題，寫了《吾國學術之現狀及清華之職責》，指出大學的職責在於學術之獨立，而中國學術界的情況令人十分不滿，必須認真效法西方學術的體制及實踐。他說："蓋今世治學以世界爲範圍，重在知彼，絕非閉門造車者比。"這兩位國學大師，對西方與日本的漢學研究十分注意，都是以開放態度對待域外漢學研究，集思廣益，以成其大家。

再回到"温故知新"的歷代經解，說說文化傳承的闡釋學意義。劉寶楠在《論語正義》中指出，上古之時，文化知識是上層統治精英的家學，不再治理實際政事的長者可以傳遞德行的知識，可以爲人師。"温故而知新"，就顯示長者不忘舊時所學，且能吸收新知，繼承并發揚這種學術與政治合一的傳統。到了孔子之時，時代出現了變化，士大夫不見得能够謹守家法，弘揚德行，也不一定能够"爲師"了。孔子之後，世變日亟，"道術爲天下裂"，文化知識不再爲少數統治精英所壟斷，也不必然與治理政事有關，學術在民間百花齊放，百家争鳴。但是，學術知識發展的脈絡基本未變，仍然是要温故知新，進德修業。從劉寶楠不經意的闡釋中，可以看到時代變遷影響了學術文化的內容，改變了知識結構的體系，但其內在發展的理路仍舊，還是需要舊學與新知的融合，才能有所發展。

劉寶楠還引述了劉逢禄的解釋："故，古也。《六經》皆述古昔、稱先王者也。知新，謂通其大義，以斟酌後世之製作，漢初經師皆是也。"劉寶楠贊成這個説法，並指出，漢唐人解釋"知新"，大多數都沿用此意。也就是説，舊學是傳統的知識結構體系，新知是時代變化出現的新知識，必須相互斟酌，才能發揮得宜。至於如何對舊學"通其大義"，就見仁見智，各有説法了。從這個通達的詮釋來討論近代西學東漸的情況，我們可以看到，"温故而知新"在民國學人的心底，是産生"傳統"與"現代"糾葛的心理陷阱，不易跨越。若依照朱熹的説法，“學能時習舊聞而每有新得，則所學在我而其應不窮”，雖然在哲理上可以模模糊糊說通，但在清末民初的具體歷史環節，西學的新知屬於完全不同的知識體系，在原有的舊學脈絡中，根本無從立足，如何“其應不窮”？所以，真要放之四海而皆準，提升“温故而知新”的普世意義，以理解域外漢學譯著與近代學術知識體系變遷的文化史意義，我們認爲，皇侃、邢昺，一直到劉寶楠的闡釋，是比較合適，並與現代文化闡釋學的説法相近。

伽達默爾（Hans-Georg Gadamer）在他的名著《真理與方法》中，説到認知理性與文化傳統的關係，特別指出，人們通過理性，來判斷歷史文化中事實的真相，但是人的理性與生存環境息息相關，與傳統所衍生的豐富文化底藴有關，不可能完全超越文化傳統的思維脈絡。他認爲，人生活在文化傳統之中，就不可能“遺世獨立”，以全能超越的抽象思辨來認識傳統，甚至是批判或顛覆傳統。傳統是歷史文化延續與傳承的表徵，不會一成不變，而我們的認知理性也會因時代變遷，而不斷重新詮釋傳統。伽達默爾的闡釋學以西方文化傳統爲例，説明新知如何納入傳統，而使文化傳統生機不斷，生生不息，與中國歷代經學家的説法（朱熹除外），有异曲同工之效。以此觀照民國時期的漢學譯著，我們認爲，這批學術新知傳入中國，對中國文化傳統的繁衍與發展，實有承先啓後之功。

《近代海外漢學名著叢刊》的出版，最值得感謝的是南兆旭先生二十多年來搜羅的執着與努力。雖然這套叢刊不能窮盡民國時期的漢學譯著，但是，能滙集上百冊自一九四九年以來在國内不曾重印的學術著作，再度公之於世，總是功不唐捐的大功德。忝爲本叢刊的主編，我面對這批民國學術材料，先是感到紛雜無章，有些原作者的學術素養也難副當前的學術標準，甚爲猶豫。後轉念一想，這是上個世紀中國最紛亂時期的學術記録，也是民生凋敝，國勢隤危，内亂外患交加之際，仍有許多學者孜孜矻矻，戮力翻譯域外漢學，爲中國學術的傳承拓展新知的坦途，不禁肅然起敬，開始用心整理分類。掛一漏萬，在所難免，好在有學殖豐贍的諍友擔任分卷主編，並撰寫各分卷前言，實在是衷心銘感。有傅杰教授負責“歷史文化與社會經濟”、戴燕教授負責“古典文獻與語言文字”、霍巍教授負責“中外交通與邊疆史”，吾道不孤矣。在整理編輯過程中，周威先生費心最多，也是我要衷心感謝的。

道術之存亡，全在人心之嚮背。這批民國漢學譯著重新問世，對我們生長在承平之世的學人，應當有激勵的作用，爲學術研究多盡份力，讓中國學術發展更上一層樓。

鄭培凱

二〇一五年七月

—前 言—

一九四九年，身在美國的鄧嗣禹在《遠東季刊》發表《近五十年中國歷史編纂學》，總結半個世紀以來中國歷史編纂學從保守走嚮開放，“先是受日本，然後是英國、美國、法國，最後是蘇聯等影響”，既擴大了史料的範圍，又應用了科學的方法，把重點從帝國的政治事件轉移到社會經濟方面，終於“取得了巨大的進步”。鄭培凱教授主編的《近代海外漢學名著叢刊》，正是鄧氏提及的各國影響中的一部分——甚至堪稱是主要的部分。

本分卷主要包括兩大類：一是歷史文化，包括渡邊秀方《中國哲學史概論》、三浦藤作《中國倫理學史》、津田左右吉《儒道兩家關係論》、服部宇之吉《儒教與現代思潮》、五來欣造《儒教政治哲學》、濱田耕作《東亞文化之黎明》、梅原末治《中國青銅器時代考》、新城新藏《中國上古天文》、卡特《中國印刷術源流史》等；二是社會經濟，包括沙發諾夫《中國社會發展史》、駒井和愛等《中國歷代社會研究》、柯金《中國古代社會》、森谷克己《中國社會經濟史》、田崎仁義《中國古代經濟思想及制度》、卜凱《中國農家經濟》、馬札亞爾《中國農村經濟研究》、克拉米息夫《中國西北部之經濟狀況》、高林士《中國礦業論》、長野朗《中國資本主義發達史》等（以上作者譯名一仍所收各譯本）。這些著作引入中國的背景與影響，培凱教授的總序已經作了高屋建瓴、提綱挈領的論述。

這裏衹就著作、作者、譯者三端分別舉例，略作一些補充説明。

先説著作。包括本輯在内，本叢書所選入的日本學者論著佔據了多數。曾有西方的東方學家概括日本學術實爲三餘：文學竊中國之緒餘、佛學竊印度之緒餘、各科學竊歐洲之緒餘。其言雖刻薄，却一針見血。但也正因善於嫁接，所以在用西方研究模式梳理中國歷史傳統方面，日本學者往往最具搶佔先機的便利，他們的著作也成爲當時的中國最多引進與借鑒的對象。例如梅原末治藉助於西方科學方法來分析中國青銅器的器形、成分，進而推論其時代的《中國青銅器時代考》在半個世紀中産生了廣泛的影響，如歷史學家吕思勉在《先秦史》中就引用過他對殷商時代青銅器的分析，考古學家黄展岳在《關於中國開始冶鐵和使用鐵器的問題》中則對他殷代已知用鐵的觀點提出駁正。卡特的名著出版至今九十年，仍然是時常被引用的經典，除早期的節譯本，一九五七年北京出版了吴澤炎譯的《中國印刷術的發明和它的西傳》，一九六八年臺北出版了胡克希譯的經傅路德修訂的卡德著作新版《中國印刷術的發明及其西傳》。其書既出，哲學大師杜威也給以好評，桑原騭藏、鄧嗣禹發表了長篇書評。直至本世紀芮哲非的新著《谷騰堡在上海：中國印刷資本業的發展（一八七六——一九三七）》，還指出正是卡特著作的出版，因其表彰中國印刷術的悠久歷史和對世界印刷史的巨大貢獻，迅速影響了一批中國學者，進而影響了近代以來的中國印刷史書寫。其實，受影響的還不止是印刷術與中西交流史的學者。以《夢溪筆談校證》而蜚聲中外的當代《夢溪筆談》研究第一人胡道静回憶，正是從卡德的書中，他才知道《夢溪筆談》：

> 卡特的書説明了史料的來源，還特别夸譽了《夢溪筆談》這部著作，説它這好那好。於是我這個當時對古籍衹讀先秦、兩漢之書的小伙子就迫不及待地去找這本沈括的名著來閲讀了。（《夢溪筆談校證

五十年》)

至於沙發諾夫、柯金、馬札亞爾等用唯物史觀來研究中國社會經濟史的論著，在蘇聯和中國都引發過爭議，而在當時就有學者指出，陶希聖等人對魏晋時期中國社會性質的看法，即深受沙發諾夫《中國社會發展史》的影響。

次説作者。各書作者背景各异，身份不一，研究中國的目的也頗有差距。其中既有津田左右吉這樣的學術大師，更不乏各學科中的權威名家，而且不少跟中國還有密切的聯繫。如濱田耕作與梅原末治師徒都在中國從事考古多年，不僅以自己寫下的著作、也以自己參與的活動，影響了中國考古學的發展，甚至用自己的工作給中國考古學家樹立了榜樣。早在一九二六年，北京大學國學門的考古協會與日本東亞考古協會成立東方考古協會，被譽爲日本考古學之父的濱田耕作就參與其事，一九二九年他又與高足梅原末治再赴北京演講，爲正起步的中國現代考古學注入了新的信息。其後梅原又在上海、天津、河南等地調查文物古迹。

撰《中國上古天文》的天文學家新城新藏在二十世紀三十年代出任過上海自然科學研究所所長。撰《中國農家經濟》的美國學者卜凱從康奈爾大學農學院畢業後，次年即來安徽宿州，以傳教士的身份從事農村的改良試驗與推廣，在中國致力農業經濟學的教學與調查幾三十年。同樣是以傳教士身份在安徽宿州從事教育與宗教活動長達十二年的還有美國學者卡德——而他一生衹活了四十三歲。在離開中國後他一直從事中國學術的研究，在伯希和指導下研究中國印刷術的發明與西傳，傾注了滿腔的熱情，用盡了全部的心力，終以勤勞過度，在該書出版的當年與世長辭。

末説譯者。當年就有學者感慨，外國的漢學著作可資參證者甚夥，但譯著的數量與質量總體而言殊不令人樂觀，通西文者多鄙棄漢學，治國學者又忽視西文。從事者的學養並不都足以勝任這類專門著作的翻譯，因此有的譯文比較粗糙，但就已有的成績來看，仍有可稱道者。一是有的著作不止出版了一個譯本，如濱田耕作《東亞文化之黎明》、馬札亞爾《中國農村經濟研究》等時隔不久就出版了不同的譯本；有的甚至同一年中就出版了兩個譯本，如森谷克己《中國社會經濟史》在一九三六年既由中華書局出版了孫懷仁的譯本，又由商務印書館出版了陳昌蔚的譯本。二是譯者之中不乏後來的著名學者。如高林士《中國礦業論》的譯者是曾擔任北京水利水電學院院長多年、爲中國水利事業做出了卓越貢獻的中國科學院院士汪胡楨。在年過九旬之後寫的自述中，他還憶及當年由丁文江介紹認識了《中國礦業論》的作者、並受作者之托翻譯該書的經過。而梅原末治《中國青銅器時代考》的譯者則是舉世公認的甲骨學與殷商史權威胡厚宣，身爲中央研究院歷史語言研究所的研究人員，他正是在參與殷墟發掘之際譯出梅原末治的著作的。

世事沉浮，風雲變幻，這些昔日的譯著有的還在被學者屢屢提及，有的則塵封甚久，不再被人記得。如今輯而再印，使之重見天日，是既富於現實意義，也富於歷史意義的。現實意義在於這些譯著中的若干材料仍可供今天的讀者取資，若干見解仍可給今天的讀者啓示；歷史意義在於這些譯著中的部分雖然陳舊過時，無論材料還是觀點都被證明千瘡百孔，但它們在中國現代學術史的建立與發展進程中都曾經多多少少起過作用——因此它們不再僅僅是外國漢學史的組成部分，實際上也已經成爲中國學術史的組成部分，是我們不能輕忽，更不能遺忘的。

傅　杰

二〇一五年七月

作者簡介

著　者

新城新藏（一八七三年——一九三八年），日本天文學家，理學博士，專攻宇宙物理學和中國古代歷術，是二戰之前日本天文學研究的權威。一九三五年，就任中國上海自然科學研究所第二代所長。新城新藏用現代西方天文學的成果，開拓了現代中國天文學史研究的先河，否定了中國天文外來說，爲中國古典文化的研究提供了一種新的思路。

譯　者

沈璿，資料不詳。

序

晚近東邦人士,以嶄新之科學方法,考證我國古籍,於闡明東方文化,貢獻誠多,就中,曆算一道,當推新城博士。其原著東洋天文學史研究一書,夙已膾炙人口。斯小册可謂爲前書之縮寫。且間有新穎之註釋,或比之前書各節之重要結論,其語氣有輕重之變易。唯自愧譯文險怪奇澀,不克示其全豹,是以爲憾耳。苟海內碩學,弗吝匡正不逮,幸甚幸甚。

民國二十四年五月　　　　譯者識

目　錄

中國上古天文

一　引　言

考究中國上古天文,頗饒有興趣,且於領會上古東方文化,具義尤深。中國典籍,傳謂堯典最古,其中載有堯帝勅語。勅語之始,有「欽若昊天」之句。欽字意爲敬,若字意爲順,故「欽若昊天」者,乃敬而從順昊天之意。更申言之,卽求明天地自然之現象,而從順之,以導吾人日常生活之意。惟就史考察,尙書係後世蒐集古來傳說,記錄等而成,斯句似僅爲後世史家所攙入者耳。然由是可察知中國上古歷代帝王之平日所恆關懷者,卽以「欽若昊天」爲發展民族之要道是也。爰可謂東洋歷史之第一頁,實以宣揚科學的精神爲始,斯乃大可注意之事也。

夫非獨中國,卽於西方,如楷爾底亞(Chaldea)、埃及等開化早之諸國,天文學亦早啓明,若是之事實,決非偶然。要之,此等國家,乃因於科學方面,較之其他蠻族,更進一步,遂占優勝者之地位,而漸趨於繁榮者乎。

從科學上,尤其自天文學,回顧人類發展之歷史,則因上古無人工的燈火以照明黑暗,自然趨於利用晴夜之月光,遂至使用純太陰曆,斯爲最先之科學的成功。厥後,迨入農業時代,因須利用一年四季節之變化,遂試製作太陽曆。但至得編成優良之太陽曆時代,不論東洋與西洋,概在西元前四、五世紀,斯蓋自入農業時代以後約二千年間之經驗與努力之賜也。

迨既得製作優良之太陽曆,從而可確定年年之季節變化,毫無差誤。厥後,自然更進一步,試闡明風雨雷霆等氣象變化以及海嘯地震噴火等現象之理。但此等現象,頗形複雜,在距今二千年前之人智,非所容易解決,於是,遂致爲謬誤之類推,暗中摸索,其結果,東西類同一轍。不幸皆入邪道,蓋迄近世科學勃興期止,約二千年間,深沈於迷信之潛淵,是誠可嘆者也。

西洋以甫述之一切現象,爲緣由於日月五星運行之輳合,從而試由日月五星之運行,以斷定人生一世之運命,以及其運勢之盛衰,遂成所謂星占術(Astrology)。東洋以基諸五星運行之五行消長(卽所謂五行說),或以緣由於日月陰陽交替之理（即所謂陰陽八卦說）。試說明天地間一切現象，西洋之星占術係發生於西元前五、六世紀，東洋之陰陽八卦說與五行說，則始起於中國之戰國時代，即西元前四、五世紀。厥後，迨前漢時代，斯二者結合而成陰陽五行說，後至隋唐時代，即西元六百年間，更變化而成九星說。

就天文學發達之大勢觀之，似可謂東西兩洋殆步類似之徑路。惟其間文化，各呈特色，爰由是而言，亦可謂古代東西兩洋之文化，係各自獨立發達者也。

由來關於中國之上古史，有極相懸殊之二見解：其一，以爲中國上古曾發達至三皇五帝以來秩序整然之文化。此說，主爲儒學派所傳承，而廣行於世。其二，謂中國上古文化，係受西元前四世紀卽中國戰國時代中葉西方文化騾入中土之影響，頓形發展。並以今日普通所傳中國上古之事蹟中，頗多戰國時代以後所作者焉。斯二說之見解，迥然不同，然其論證，咸推求於上古天文曆法之發達史，此乃當注意之事也。夫在中國上古時代，恆崇尙「欽若昊天」之精神，且典籍頗豐，苟能細心讀破之，則不難明上古天文曆法發達之途徑，俾之歷歷可循，爰去極端之僻說而闡明東洋文化之淵源者，是當爲東洋天文學史之使命也。

二　旬與週

旬與週,均係純太陰曆時代之遺名。蓋上古時代,全無人工的燈火可照明暗夜,或有之而實極粗陋,不堪發揮其效力。在斯時代,自然趨於利用晴夜之月光。於是,適應月之朔望而計日,卽使用所謂太陰曆。又月之以朔望爲標準者,有二十九日或三十日,實際因此週期過長,遂爲便利起見,更以之分爲三份或四份,用以紀日。但事之可奇者,在東方用月之三分法,在西方則用月之四分法。今日所謂旬與週者,卽由是遺下,偶然斯亦示東西兩洋天文之淵源相異者也。

月之三分法者,卽分上中下三旬

之旬法，今日所傳甲乙丙丁戊己庚辛壬癸十干之記號，上古稱之曰十日，斯卽附於一旬十日之名稱。其始十干似專用之附屬於旬，小月二十九日，則以壬而終，其翌日仍以甲爲始，卽用之非連續，但厥後，自然發達，用之連續，遂與旬之原意無何關係，由今日發掘殷虛所得甲骨文字，可知殷代夙已用連續的六十干支紀日者矣。

月之四分法者，乃以月分七日爲一份，用以紀日，卽今日西洋週法之原始形。其始，月之第一日常當週之第一日，月之第四週爲八日或九日，蓋專用之附屬於月，厥後，俾之與月無涉，以一週恆爲七日，用之連續紀日，卽今日所傳之週是也。舊約創世記，傳謂西元前九世紀所編纂，其中每七日之一週，已若一種傳說，似沿用之已久，爰以七日之一週,連續紀日者,至遲當在西元前九世紀也。

要之,古來月之三分法行於東方,月之四分法則行於西方,致其文化各具特色。然事之奇巧者,於周初之典籍以及傳爲周初之金文中,顯有月之四分法之痕跡,卽見有載生霸,旣生霸,載死霸,旣死霸等文句,斯係表示月相(月盈虧之程度)者無疑。然此等名稱究竟表示若何月相,乃似夙已失其意義。前漢末劉歆,謂生霸爲望,死霸爲朔,但斯全屬誤解。厥後,雖有各種論說,然皆未克發揮其眞義。迨近代故王國維之研究,斯疑問忽然解決,遂道破三千年以來未明之眞相。

按王國維之生霸死霸考,周初紀日,一時曾用月之四分法,卽以自朏(陰曆初三日之月)至次朏間一個月,分爲四份,稱曰初吉,旣生霸,旣望,旣死霸,而以朏,載生霸,望,載死霸爲各份初日之名稱,爰斯示今日所行西洋週法之原始形。且此原始的週法,僅一時行於周初。未至普遍,夙已忘卻。要之,在自古用旬法之中國,新雜入一種方式相異之週法,因爲月之三分法與四分法枘鑿不相容,遂致四分法未及普傳於世而自行消滅者也。

武王伐紂滅殷之年爲西元前一〇六六年,斯時周之民族,似自西北方侵入中國本部。然關於西洋週法起原之傳說,謂腓尼基(Phoenicia)之週法,自楷爾底亞傳入,而楷爾底亞之週法,則更自其東方傳入。爰恐周初之民族,由直接或間接之關係,曾於西元前十一、二世紀,作東西兩洋天文傳授之媒介者,似無容疑。惟果由若何關係,致互相接觸,其傳授之程度若何,夫欲解決此等問題,則當更從研究週法之起原,方得有更進一步之望也歟。

三　辰

就人類之發展而言,自遊牧生活漸趨入農業時代,遂定居一處,而繼承歷史,故於中國,可以爲西元前二千年,卽所謂堯舜時代,已入農業時代。惟因俾耕種適時生效,由觀測天象,審察一年四季之變化,而至編成優良之太陽曆,蓋所謂觀象授時,乃爲古代政治家之重要工作者,毫無容疑。上古歷代爲決定一年之季節,各觀測一定星象,以爲標準,稱之曰辰。夫自堯舜至春秋戰國,歷代執政者,對於觀象授時之工作,莫不專心致意。斯蓋由辰字意義之變遷,已可概見者矣。春秋中葉之曆法,已得調和太陰曆與太陽曆,俾季節無大差誤,此時似已實行十九年七閏法。要之,若斯之成功,係基諸堯舜以來二千年間觀象授時之經驗,以及辰變遷之結果所致者耳。

辰者,至極重要之字,苟眞能明解此字之意義與來歷,則自足以明中國上古天文之大概。自古學者已注意此字之有種種意義。例如宋代沈括之夢溪筆談,於其「事以辰名者爲多」項內,載有辰字之各種意義,惟謂此字有各種意義者乃非始自宋代,蓋遠溯前此,於左傳昭公七年款,載有如下之對話:

> 公曰,多語寡人辰,而莫同,何謂辰。對曰,日月之會是謂辰,故以配日。

又於公羊傳昭公十七年款,載有:

> 大辰者何,大火也。大火爲大辰,伐爲大辰,北極亦爲大辰。

而漢末何休註謂：

> 大火謂心星，伐爲參星，大火與伐，所以示民時之早晚，天下所取正，北辰北極，天之中也，故皆謂之大辰。

夫恐辰字之原意，係示季節早晚所觀測之標準星象，卽爲觀象授時中之主角，爰此字又形成農字之本體，惟因天文學漸次發達，所觀測之星象，隨之變遷，而此字之意義，遂漸次如下轉移。

> 參，大火，北斗，日月之文會點（十二辰），日（太陽）

參爲冬日傍晚見於東方之三星，其光青而白，西洋稱之謂渥里安（Orion）。夏小正云「正月初昏參中」，由此觀之，或有以參在初昏南中爲正月之目標之時代。但參之南中時，居空甚高，不便觀望，爰恐以其在初昏見於東方之時，作爲冬之正中，卽十一月之目標者歟。左傳昭公元年款所引古傳說內，載有以參爲晉所祀之星，故參或爲自古三晉地方所稱之辰也歟。星象之近於參者，其布列之形，因可擬爲斧鉞，故稱此星爲戊或伐，又往往稱之爲參伐。當殷代制定十二支時，以第十一之符號爲戌者，蓋因參伐爲十一月之星。而戊、戌、伐、在殷虛文字中，皆相同無別故也。又歲字在說文中云「从步戌聲」，故可視爲配合步與戌而作成之字，此乃示自戌月至次戌月間一年之意者，是毋容疑者乎。

大火爲夏日傍晚見於西方之赤色一等星，西洋稱之謂天蝎座第一星（α Scorpii 西俗名 Antares），堯典云「日永星火，以正仲夏」。夏小正云「正月初昏大火中」。自古似以此星傍晚南中之時，作爲夏之正中，卽五月之目標者歟。殷代已重視此星,蓋如於左傳昭公元年款所引古傳說內,竟致以此星爲商代所大祀之辰,此星遂獨占辰之名,而當時所謂辰,卽指大火而言也。於是,當制定十二時以第五之符號爲辰者,因辰卽大火,乃五月之星故也。厥後,於戰國時代,將動物之名,配於十二支時,以龍配於辰者,乃因大火附近星象所構成之形,甚引人注目,使人一瞥卽聯想動物之形,故擬之爲假想的神獸之龍也。左傳襄公二十八年款云「龍,宋鄭之星也」。此自然指天龍之意,說文中所云「龍,鱗蟲之長也」。原謂動物之龍。至於其云「春分而登天,秋分而潛淵」。卻並傳天龍之出沒,豈非有趣也哉。

北斗在距今三、四千年前,較之今日之位置,甚近於眞北極點,故終夜不沒於地平線下,諒頗便於觀測者也。其擬爲斗柄之方向,係以北極點爲樞軸,每晝夜繞之一轉,故宛如懸於北方天空之自然鐘針,用以示夜間之時刻。又因斗柄每晝夜多移轉一度,故由審察其日沒後之方向,亦可知季節,是以必曾用之如辰者焉。當傍晚此斗柄適垂直之時日,稱之謂建子。周初建子時期,在立春前後,其舛差約爲半月,故周初似以斗柄建子,視爲年始之標準者歟。夏小正載有「正月斗柄縣在下」,又「六月初昏斗柄正在上」,猶因其爲見於北方空中之辰,故稱之謂北辰。又因在盡至北方之點,故稱之謂北極。論語云「譬如北辰居其所,而衆星共之也」。此乃指北斗而言者,是毋容疑焉。朱子註謂「北辰,北極,天之樞也,居其所不動也」。此係以後世所見而起之誤解也。夫就觀測之利鈍而言,在北方,觀測北辰(卽北斗),較為便利,故北斗定必為北方民族所觀測之辰,或恐為周人所稱之辰,亦未可知也。

西洋迨西元前五世紀,始知正確之十九年七閏法,前此亦同東洋,由觀象授時之法而審察季節之早晚。埃及以天狼星(西名 Sirius)始見於曉天東方時,為季節之標準。楷爾底亞則以廣車(西名 Capella)始見於曉天東方時,為季節之標準。爰西洋所用為觀象授時之標準星象,與其用於東洋者,全不相同。由此觀之,雖在創始太陽曆時代,東西兩洋之天文學亦係各自獨立發達者也。

四　二十八宿與周髀

夫在上古,中國由觀察參或大火或北斗等辰,以審察時節,西洋亦類此,無大參差,其法幾同。惟賡續觀象授時代後所採用之二十八宿者,是中國之所創,乃示中國上古天文之特色者也。

二十八宿法者,乃與由觀測昏旦之星象以察太陽所在之位置而審定季節之法,頗異其趣。蓋由間接參酌月在天空之位置而得以推定太陽之位置,斯當謂上古天文學上之一大進步。此法係預將黃道赤道附近之一周天,按諸月步(月繞天一周卽恆星月,爲二七·三日)。以顯著之星象爲目標,分成二十八個不等部分,而稱之曰二十八宿。然後由觀測新月（太陰曆初三日之月）以後，月移動之位置，以其同比例，自新月之位置逆推二日份之行程，則其點爲合朔時之月之位置，亦即太陽之位置。爰苟知太陽在此二十八宿中之位置，則便可知一年之季節者，毋待贅言。且由是所審定之季節，較之前此之法，頗爲精確。故此時對於編製太陽曆，似曾作一大進步者也。

夫朔字原有對於月而溯前之意，斯恐始見於制定二十八宿法之時代。前此，以新月之日（朏即太陰曆初三日）爲一個月之初日，迨採用二十八宿法。同時，方以自新月之日逆推二日份之日爲月之初日者也。又朔字有朔北之意，更於周初之典籍，見河朔或朔方之名稱。由此觀之，二十八宿之起原時代，似當溯至周初。余以爲最初採用二十八宿法者，恐爲居住於黃河自南流而折向東流附近地方，卽在渭水近邊所發展之周之民族，而此曾用於自周初至春秋中葉間者歟。此時代以辰爲日月之交會點，又因周天有十二個合朔點，卽十二交會點，故卽稱之曰十二辰。

如上所述，二十八宿者，係以黃道赤道附近天空區分爲二十七或二十八個之不等部分。自古中國、印度、波斯等咸有若斯幾相類似之區分法。各區分法雖稍有不同，然皆屬同一源流者，毫無容疑。夫此等區分法莫不載於頗古之文獻，故二十八宿法，果創始於何處，經過若何徑路，由若何方法，互相傳承者，諸此係頗饒興趣之問題，或恐斯乃暗示古代文化互相流傳之指針者，亦未可知也。

關於二十八宿法之起原地，有各種論說，西洋概多主張其起原於楷爾底亞者，然迄今於楷爾底亞尙未得二十八宿區分法之證據。要之，西洋之主張此說者，乃因基諸二因所致耳。卽（一）均先懷偏見而以爲古代之天文係起於楷爾底亞者。（二）均未能深解二十八宿法內容之由來者是也。爰對於此等說，毫無一顧之價値。猶波斯之二十八宿區分法係自印度傳入者，至極明顯。故吾人所欲解決之問題，卽中國、印度二者中，果始自何方傳至何方者是，幸吾人有有力之證據資料，足以判斷之焉。

如將印度與中國之二十八宿，仔細比較之，二者稍有參差。就二十八宿法原有之目的而言，其所擇之星象，當近於月道，卽應取黃道赤道附近之星象,然印度之二十八宿含有大角(西名Arcturus),織女(西名Vega),牽牛(西名Altair)(舊陰曆七月七日傳說中之牽牛星,今中名河鼓)。但此等星距黃道赤道頗遠,斯乃頗可注目之事。中國之二十八宿,其始亦包含此等星象,然顯可察知曾經一次整理而將此等代以黃道赤道附近之星象者焉。卽以角代大角而以之爲二十八宿之起點,又以名爲須女(下婢之意)者代織女,對於牽牛,則以其代用者名爲牽牛,而以原有之牽牛改名爲河鼓。

大角當北斗柄所指之處,織女牽牛,夙已散見於古詩,久膾炙人口。故當以爲因是而以之採入於二十八宿者,由此等事實觀之,中國創始二十八宿法之時代,係接於以北斗爲當時所觀測之標準星象之時代。猶因中國自用二十八宿法爲主要之觀測法後,此法漸次改良,爲俾適合其原有之目的起見,曾經一次整理,今日所傳者,即此曾經一次整理後之形也。惟於印度,則傳入在中國尚未經整理以前之原始的二十八宿法,且夙已忘卻其原有之意義,而僅用之於星占。由是,北斗及牽牛織女雖與印度毫無關係,但印度之二十八宿法仍爲原始形,而含有大角織女古牽牛等。

中國之整理二十八宿法,或非止一次,亦未可知。但於戰國時代中葉所著作之左傳國語中,已載有角。爰此法之傳於印度,至遲當在戰國中葉以前。又二十八宿之配當東西南北四陸,中國與印度各異,斯亦同甫述之意也。

印度記載二十八宿之典籍,以摩登伽經爲最古,且其中並記有一年十二個月內日中之影長。由此推算，觀測此等影長之地，當位於北緯四十三度內外。余以爲二十八宿法係始創於中國周初時代，在周初與戰國時代間之某時代，傳出中國本土或一時停頓於中途，經過中央亞細亞，而自印度之西北方，傳入印度者乎，此問題頗饒興趣，當俟今後之研究。

厥後，更至春秋中葉，立表垂直於地面，測其在日中之影長，以其最長最短之時期爲日至，稱此表謂周髀。此時代似以日稱爲辰，今余言雖非依據何等確定的文獻，然由種種事情推察，採用周髀之時代，定爲春秋中葉。蓋至用周髀觀測日至時代，較之前此，必須認有二重要變化，即（一）較之前此所採用之方法，其決定時節之精確度，當遠勝之。因是，遂得精知一年之長，從而能製作優良之太陽曆。(二)則與觀測法相關聯;遂至以冬至爲理想的年始,於是,自然勢必至採用以含有冬至之月,爲正月之曆法,而斯二事實,適均見於春秋中葉之文公宣公時代者,乃顯得由春秋之記錄而察知之故也。

五　春秋之曆

春秋者，係記述自魯之隱公元年（西元前七二二年）迄哀公十四年（西元前四八一年），共十二公，凡二百四十二年之歷史，乃傳爲孔子當其晚年，由藏於魯宮廷文庫之史料所編纂者也。孔子所著述之春秋，係迄哀公十四年春獲麟而止。惟其經文猶賡續至哀公十六年，即孔子卒之年。夫春秋者，千古之聖人，孔子，亦自稱「述而不作，信而好古」。是期依據根本史料所作，爰其中毫無可疑以及人爲之跡，由今日觀之，春秋爲二千四百餘年前古代之史料，而其眞價蓋亦存諸斯耶。

就春秋所載曆日而言，年係自十

二魯公卽位之年算起,別無疑問。紀月則用太陰曆,惟因須與太陽曆調和,時時插入閏月,紀日以六十干支,但閏月之插入法,毫無規則,並非循十九年七閏法,春秋期間約應有九十個閏月,惟當時果若何插入此等閏月者,斯乃毫不明瞭,從而各月朔之干支亦不明,爰以若斯所記述之曆日,由今逆行推算,例如當今太陽曆之何年何月,自亦不明。春秋劈頭第一句所載「春王正月」,惟此正月究當如何之季節,乃自古以來未決之疑問也。案普通一班所謂三正交替之說,周以含冬至之月爲正月,殷以其後一個月之月爲正月,夏以其後二個月之月爲正月,爰所謂「春王正月」者,果爲含冬至之月耶。苟以含冬至之月稱爲春,則豈非欠妥耶。抑因孔子向以行夏之時爲理想,故當記述春秋之時,實行其平日之主張,而以周之月改爲夏正者耶,或又依據當時之曆,不得不以含冬至之月爲正月。然因須實現其理想之一端,遂冠以春字者耶。諸此問題,雜然相陳,甲是乙非,莫衷一是,爰春秋當時,要尙未有一定規則之曆法,蓋恐由觀象授時之法,隨時插入閏月,以調和太陽曆者焉。故欲根本解決此疑問,並確定春秋所載之曆日,則首宜闡明當時實際所插入閏月之位置也。

幸春秋經及續經內,有三十七個日蝕記事,日蝕發生之時日,由今可精確推定。今如屛除其中顯爲誤傳之日蝕,又稍加以修正,則可確實推定三十三個日蝕發生之時日。以此推定之時日,對照其載於經文之曆日,則可於春秋正續經文中二百四十四年間,決定三十三個時日明確之根據點，此實可供研究之重要資料也。猶春秋全部所記錄曆日之干支，凡三百九十餘對，爰於甫定三十三個確實之時日之間，研究此等干支散在之位置，按排閏月，則頗可推定當時所插入閏月之位置。由是，終可明春秋時代全部之朔閏，並俾經文所載曆日之位置，排列眞各得其所，而著作一春秋長曆，可使時日之經過一目瞭然者焉。

下揭之春秋長曆圖表，係余作於昭和三年（民國十七年），乃以示春秋長曆之大體者也。

（1）春秋置閏朔日表

此表係記載春秋二百四十四年間每年正月朔所當之儒略日(Julian days)，與按今格里曆(Gregorian calendar)所推定之太陽曆日以及插閏之位置與連大月之位置。夫以儒略日，可簡明確定正月朔之時日，故如更參酌閏月之位置與大小月之交替，則易得明晰春秋期間所有之曆日矣。

（2）春秋置閏朔日圖

（a）圖示閏月及連大月之位置

細線一格爲二個月，六格表示一年，黑點·係表示所插入閏月之位置，細線一短劃係示其相當之二個月爲大月。

（b）圖示以太陽曆所表各年正月朔之早晚。

左右一格當十年，上下一格當十五日，大黑點乃示有日蝕年之正月朔。

某時日　儒略日者。係自西元前四七一三年一月一日起始連續計算至該時日之數也。
(自儒略日減10。以60除之。其剩餘適爲干支之順序數。)例如

隱公元年正月辛巳(18)朔　爲儒略日第一四五七七二八
哀公十六年四月己丑26)　爲儒略日第一五四六五三六
民國二十四年一月一日　爲儒略日第二四二七八〇四

太陽曆日項係示案今日通行之格列高里曆所逆算之時日

春秋長曆圖表

置閏朔日表
置閏連大圖
年始早晚圖

干支順序表

	0	10	20	30	40	50
1	甲子	甲戌	甲申	甲午	甲辰	甲寅
2	乙丑	乙亥	乙酉	乙未	乙巳	乙卯
3	丙寅	丙子	丙戌	丙申	丙午	丙辰
4	丁卯	丁丑	丁亥	丁酉	丁未	丁巳
5	戊辰	戊寅	戊子	戊戌	戊申	戊午
6	己巳	己卯	己丑	己亥	己酉	己未
7	庚午	庚辰	庚寅	庚子	庚戌	庚申
8	辛未	辛巳	辛卯	辛丑	辛亥	辛酉
9	壬申	壬午	壬辰	壬寅	壬子	壬戌
10	癸酉	癸未	癸巳	癸卯	癸丑	癸亥

年次	正月朔 儒略日	干支	太陽曆日	連大月	閏月
隱 1	145 7728	18	I 8	4,5	
2	8082	12	XII 28	—	XII
3	8466	36	I 15	2,3;11,12	
4	8820	30	I 4	—	
5	9175	25	XII 25	4,5	XII
6	9559	49	I 13	6,7	
7	9913	43	I 1	11,12	XII
8	146 0297	7	I 20	—	
9	0651	1	I 9	3,4	XII
10	1035	25	I 28	5.6	
11	1390	20	I 17	10,11	
桓 1	1744	14	I 6	—	XII
2	2128	38	I 25	2,3	
3	2482	32	I 14	7,8	
4	2837	27	I 3	10,11	
5	3191	21	XII 23	—	XII
6	3575	45	I 11	2,3	
7	3929	39	XII 31	5,6	XII
8	4313	3	I 18	9,10	
9	4668	58	I 8	—	
10	5022	52	XII 28	2,3	XII
11	5406	16	I 16	4,5	
12	5760	10	I 5	9,10	XII
13	6144	34	I 24	—	
14	6498	28	I 13	1,2	
15	6853	23	I 3	4,5	XII
16	7237	47	I 21	8,9	
17	7591	41	I 10	—	
18	7945	35	XII 30	1,2	
莊 1	8300	30	XII 20	4,5	XII
2	8684	54	I 7	8,9	
3	9038	48	XII 27	12′,1	XII
4	9422	12	I 15	—	
5	9776	6	I 4	3,4	
6	147 0131	1	XII 24	8,9	
7	0485	55	XII 13	12′,1	XII
8	0869	19	I 1	—	
9	1223	13	XII 21	3,4	XII
10	1607	37	I 8	7,8	XII
11	1991	1	I 27	11,12	
12	2346	56	I 17	—	
13	2700	50	I 6	2,3	XII
14	3084	14	I 24	6,7	
15	3438	8	I 13	11,12	
16	3793	3	I 3	—	XII
17	4176	26	I 21	1,2	
18	4331	21	I 10	2,3	
19	4885	15	XII 30	11,12	
20	5240	10	XII 20	—	XII
21	5623	33	I 7	1,2	
22	5978	28	XII 27	6,7	
23	6332	22	XII 16	11,12	XII
24	6716	46	I 4	—	
25	7070	40	XII 24	1,2	
26	7425	35	XII 13	6,7	XII
27	7809	59	I 1	10,11	
28	8163	53	XII 21	12′,1	XII
29	8547	17	I 9	—	
30	8901	11	XII 28	9,10	
31	9256	6	XII 18	10,11	XII
32	9640	30	I 6	12,1	

年次	正月朔 儒略日	干支	太陽曆日	連大月	閏月
閔 1	9994	24	XII 26	—	
2	148 0348	18	XII 14	5,5′	V
僖 1	0732	42	I 2	9,10	XII
2	1116	6	I 21	11,12	
3	1471	1	I 11	—	
4	1825	55	XII 30	4 5	
5	2179	49	XII 19	9,10	XII
6	2563	13	I 7	11,12	
7	2918	8	XII 28	12,1	
8	3272	2	XII 16	—	
9	3626	56	XII 5	1,2	XII
10	4010	20	XII 24	3,4	
11	4365	15	XII 14	2,3	XII
12	4749	39	I 1	2,3	
13	5103	33	XII 21	—	XII
14	5487	57	I 9	2,3	
15	5841	51	XII 29	—	
16	6195	45	XII 17	3,4	
17	6550	40	XII 7	8,9	XII
18	6934	4	XII 26	10,11	
19	7288	58	XII 15	—	XII
20	7672	22	I 2	2,3	
21	8026	16	XII 22	7,8	
22	8381	11	XII 12	10,11	
23	8735	5	XII	—	XII
24	9119	29	XII 19	2,3	
25	9473	23	XII 8	7,8	XII
26	9857	47	XII 27	9,10	
27	149 0212	42	XII 17	—	
28	0566	36	XII 5	2,3	
29	0920	30	XI 24	7,8	
30	1275	25	XI 14	10,11	XII
31	1659	49	XII 3	—	
32	2013	43	XI 21	2,3	
33	2367	37	XI 10	1,2	IV
文 1	2751	1	XI 29	1,2	XII
2	3135	25	XII 18	—	
3	3489	19	XII 6	1,2	XII
4	3873	43	XII 25	5,6	
5	4228	38	XII 15	8,9	
6	4582	32	XII 4	12′,1	XII
7	4966	56	XII 22	—	
8	5320	50	XII 11	5,6	
9	5675	45	XII 1	8,8′	VIII
10	6059	9	XII 20	12,1	
11	6413	3	XII 8	—	
12	6767	57	XI 27	5,6	
13	7122	52	XI 17	8,9	
14	7476	46	XI 6	12,1	VII
15	7860	10	XI 24	—	
16	8214	4	XI 13	5,5′	V
17	8598	28	XII 2	7,8	
18	8953	23	XI 22	12,1	
宣 1	9307	17	XI 10	—	
2	9661	11	X 30	4 5	II
3	150 0045	35	XI 18	7,8	
4	0400	30	XI 8	11,12	VII
5	0784	54	XI 26	—	
6	1138	48	XI 15	4,5	VI
7	1522	12	XII 4	6,7	
8	1876	6	XI 23	8,9	V

年次	正月朔 儒略日		正月朔 干支	正月朔 太陽曆日	連大月	閏月
9	150	2260	30	XII 12	—	
10		2614	24	XII 1	3,4	
11		2969	19	XI 21	5,6	IV
12		3353	43	XII 10	10,11	
13		3707	37	XI 28	—	XII
14		4091	1	XII 17	2,3	
15		4445	55	XII 6	5,6	
16		4800	50	XI 26	9′,10	IX
17		5184	14	XII 14	—	
18		5538	8	XII 3	2,3	
成 1		5892	2	XI 22	5,6	VI
2		6276	26	XII 11	9,10	
3		6631	21	XI 30	—	
4		6985	15	XI 19	2,2′	II
5		7369	39	XII 8	4,5	
6		7723	33	XI 27	9,10	
7		8078	28	XI 16	—	VIII
8		8461	51	XII 4	1,2	
9		8816	46	XI 24	4.5	XI
10		9200	10	XII 13	8,9	
11		9554	4	XII 1	—	
12		9908	58	XI 20	1,2	IV
13	151	0292	22	XII 9	3.4	
14		0647	17	XI 29	7′,8	VII
15		1031	41	XII 17	12,1	
16		1385	35	XII 6	—	
17		1739	29	XI 25	3,4	XII
18		2123	53	XII 14	7,8	
襄 1		2478	48	XII 3	12,1	
2		2832	42	XI 22	—	IV
3		3216	6	XII 11	2,3	
4		3570	60	XI 30	7,8	
5		3925	55	XI 19	11,12	II
6		4309	19	XII 8	—	
7		4663	13	XI 27	2,3	XI
8		5047	37	XII 16	6,7	
9		5401	31	XII 4	11,12	
10		5756	26	XI 24	—	VII
11		6139	49	XII 12	1,2	
12		6494	44	XII 2	6,7	
13		6848	38	XI 20	10,11	IV
14		7232	2	XII 9	—	
15		7586	56	XI 28	7,8	
16		7941	51	XI 18	5′,6	V
17		8325	15	XII 6	10,11	
18		8679	9	XI 25	—	
19		9033	3	XI 14	1,2	VIII
20		9417	27	XII 3	5,6	
21		9772	22	XI 22	9,10	VI
22	152	0156	46	XII 11	12,1	
23		0510	40	XI 30	—	
24		0864	34	XI 19	8,9	II
25		1248	58	XII 7	9,10	
26		1603	53	XI 27	12,12′	XII
27		1987	17	XII 16	—	
28		2341	11	XII 5	4,5	
29		2695	5	XI 23	8,9	VII
30		3079	29	XII 12	11,12	
31		3434	24	XII 2	—	
昭 1		3788	18	XI 21	4,5	VI
2		4172	42	XII 9	8,9	
3	152	4526	36	XI 28	11,12	XII
4		4910	0	XII 17	—	
5		5264	54	XII 6	3,4	
6		5619	49	XI 25	8,9	IX
7		6003	13	XII 14	10,11	
8		6357	7	XII 3	—	IX
9		6741	31	XII 22	2,3	
10		7095	25	XII 10	7,8	
11		7450	20	XI 30	10,11	
12		7804	14	XI 19	—	II
13		8188	38	XII 8	2,3	
14		8542	32	XI 26	7,8	
15		8897	27	XI 16	9,10	VI
16		9281	51	XII 5	—	
17		9635	45	XI 24	2,3	VII
18	153	0019	9	XII 12	6,7	
19		0373	3	XII 1	9,10	
20		0728	58	XI 21	—	IV
21		1111	21	XII 9	1,2	
22		1466	16	XI 28	6,7	XII
23		1850	40	XII 17	8,9	
24		2204	34	XII 6	—	
25		2558	28	XI 25	1,2	XII
26		2942	52	XII 13	5,6	
27		3297	47	XII 3	8.9	
28		3651	41	XI 22	12,1	VI
29		4035	5	XII 11	—	
30		4389	59	XI 29	5,5′	V
31		4773	23	XII 18	7,8	
32		5128	18	XII 8	12,1	
定 1		5482	12	XI 27	—	
2		5836	6	XI 15	5,5′	V
3		6220	30	XII 4	7,8	
4		6575	25	XI 24	11,12	VII
5		6959	49	XII 13	—	
6		7313	43	XII 1	4,5	
7		7667	37	XI 20	6,7	IV
8		8051	1	XII 9	11,12	
9		8406	56	XI 29	—	XII
10		8789	19	XII 17	3,4	
11		9144	14	XII 7	6,7	
12		9498	8	XI 26	10,11′	XI
13		9882	32	XII 15	—	
14	154	0236	26	XII 3	3,4	
15		0591	21	XI 32	5,6	I
哀 1		0975	45	XII 12	10,11	
2		1329	39	XII 1	—	
3		1683	33	XI 19	2′,3	II
4		2067	57	XII 8	5,6	
5		2422	52	XI 28	10,11	XI
6		2806	16	XII 17	—	
7		3160	10	XII 5	2,3	
8		3514	4	XI 24	5,6	VII
9		3898	28	XII 13	9,10	
10		4253	23	XII 3	—	
11		4607	17	XI 21	2,3	IV
12		4991	41	XII 10	4,5	
13		5345	35	XI 29	9,10	XII
14		5729	59	XII 18	—	
15		6083	53	XII 6	1,2	
16		6438	48	XI 26	4,5	IX

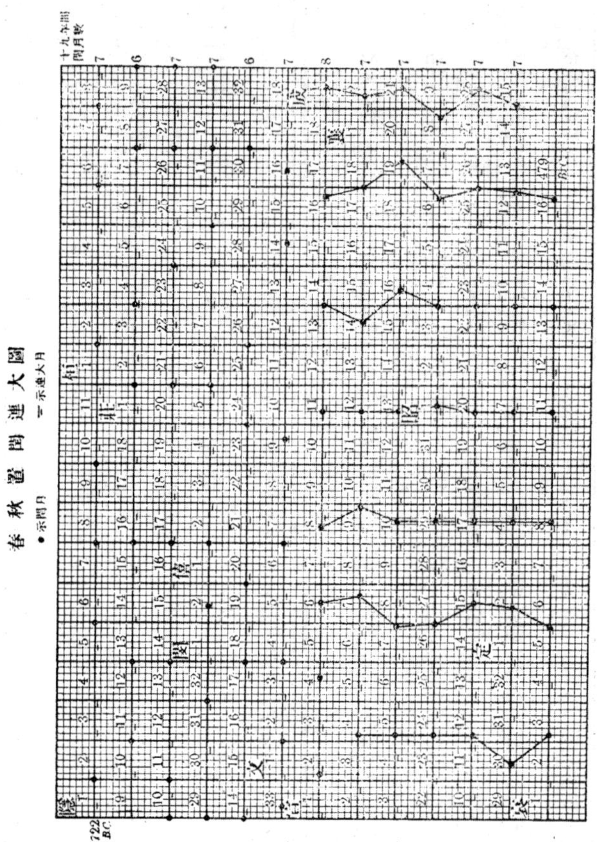
春秋置閏運大圖
●示閏月
=示連大月
十九年閏月較
722 BC
479 BC

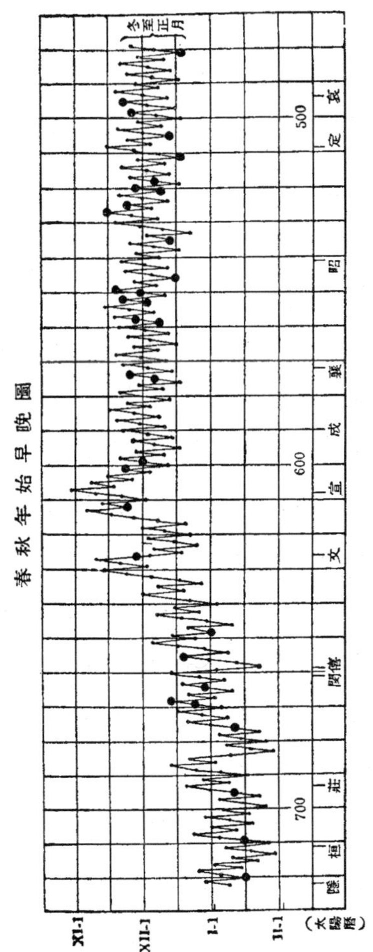

春秋年始早晚圖

觀上示之圖表,便引人注意者,即春秋之曆,於其中葉文公宣公時代,曾有重大變化,乃顯呈劃期的進步,蓋如以文公宣公爲界,則其前半葉大體以較含冬至之月遲一個月之月爲正月,後半葉殆正以含冬至之月爲正月,且前半葉置閏法亦顯無規則,而於後半葉斯已頗齊整,夫文公時代,所謂觀象授時之法,頓進一步,蓋始以周髀之觀測法,代從來之二十八宿法,遂致有甫述之二重大變化者耳。

關於連大月之配置法,亦有類似之變化,蓋月步有各種長短週期的伸縮,以實際月所在之位置與太陽之合,稱曰定朔。以省略週期的伸縮所得月之平均位置,與太陽之合,稱曰平朔。夫一個月之平均爲二九·五三〇六日,故欲合於平朔,則祇須設置大月小月,且於每十七個月十七個月十五個月之間隔，插入二連接之大月可矣。觀春秋長曆圖表，則可察知春秋後半葉之連大月配置法，頗與甫述者相一致，爰當時似曾用平朔者，至極明顯。但於前半葉，觀測日月之位置，係用二十八宿法，從而按排朔日，且隨時爲便利起見，似曾進退其插入之位置，致其連大月之配置法，非唯不合於甫述之平朔法，且又因有晦蝕之記錄，故亦顯非依據定朔法。

偶然在吾人所有二百四十餘年之曆史中，含有曆法之發達及改正之二重要事實，是誠不可不謂我等研究者望外之幸也。蓋由是，第一，春秋中記日之干支爲後世推算而附加者之疑，是無成立之餘地也明矣。第二，又所謂三正論者，已自其基礎，爲之全形顛覆，此乃極可注意之事也。

夫自後世著作曆日之干支,排列於春秋二百四十餘年間,而俾之弗合於一定曆法,然亦非全屬亂雜,且恰巧能示其進步發達之徑路,斯乃斷非能有之事者,毋待贅言。但有與斯相關聯之問題,即關於昭公十七年款之日蝕記事,猶須一言於茲。春秋經文載有「昭公十七年,夏六月甲戌朔,日有食之」。惟此年之日蝕,當發生於秋八月癸酉晦,蓋經文所載者,顯為謬誤。飯島忠夫主張,春秋之曆日干支悉係戰國時代所僞作而逆行記入,彼以此甲戌與癸酉之一日之參差為重大疑問,而謂斯顯非實際記錄之證據,定必由戰國時代中葉自西洋所傳入之日蝕週期推算而然,惟其推算之結果,偶致有一日之差誤而已。要之,飯島氏以甫記之日蝕記事為春秋之曆日干支係後世所僞作說之重要證據，是可謂過分之誣言矣。蓋此經文所記錄者與實際之天象，相差非僅一日，實差三個月又一日。夫以為春秋所有日蝕之時日，係案西洋沙老士（Saros為十八年之日蝕週期）之知識，逆推而作者，當不致誤算三個月也。余以為斯係簡單之錯誤，毫無深顧之價值者歟。

關於三正論之文獻，其由來頗古，然由研究春秋長曆之結果，可察知斯斷非春秋以前歷史上之事實，余以為在戰國時代中葉，將當時自春秋中葉以降所行之冬至正月曆，（卽以含冬至之月為正月之曆法）撥遲二個月，改為立春正月曆時，因須示一班民衆以改曆之理由，遂唱道三正論而宣傳者乎。厥後，因為秦代施行十月歲首曆以及漢代之宣傳等,遂信三正交替,眞爲上古歷史的事實者,雖於今日,尙不乏其人,致於闡明中國上古天文曆法之發達史,繫累非淺,是誠可謂憾事也。

六　曆法之成立

夫於使用太陰曆時代，由適宜插入閏月，俾太陽曆之時節，得以調和。自藉觀象授時之方法，經過所謂堯舜時代以降迄春秋時代約二千年間之苦心努力，觀測法漸次改良，蓋於周初，採用二十八宿法，更至春秋中葉，則用周髀觀測。於是，推定太陽曆之時節，其法突進一步，結果益形精確，致春秋後半葉之插閏法，殆爲十九年七閏法，且時節之早晚，亦已頗齊整，幾均以含冬至之月爲正月，夫連大月配置法用以調正太陰曆，閏月插入法則用爲調和太陽曆，茍此二法果恆依據一定法則，而縱未必逐一觀測天象，亦已正確，則可謂此已過觀象授時之時代,而進入曆法之時代矣。

太陽曆之一年爲三六五·二四二二日,以大小月交互配成之十二個月爲三五四日,故欲調和太陰曆與太陽曆,祇須適宜按排有十二個月之年與有十三個月之年,而於約每第三十二個月,插入閏月可矣。但如採用精確之一個年之日數及一個月之日數,則有下列之關係。

$$365.2422\times19=6939.60$$

$$29.53059\times235=6939.69$$

$$235-19\times12=7$$

由是可知十九年之日數,幾精確等於二百三十五個月,故於十九年間插入七個閏月可矣。今以一年之長爲三六五·二五日而應用十九年七閏法,同時爲除去日子之零數,取七十六年一期.

以

$$365.2422\times19\times4=27759=29.53085\times235\times4$$

俾大小月之按排法以及閏月之插入法，均以七十六年爲循環，稱此曰七十六年法。中國前漢當制定曆法時代所論之四分法（實際似已行於戰國時代），以及西洋於西元前三三〇年間，將梅頓（Meton）之十九年法改良而提出之楷立普司（Callippos）曆，皆爲七十六年法也。

猶因冬至或立春，爲一年時節之標準，朔爲一月之標準，夜半或晨初爲一日之標準，故在曆法施行之初期，往往選擇冬至（或立春）朔，夜半（或晨初）適相一致之時期，以之爲曆元（十九年法之時，斯爲章首），俾得基諸一定曆法而容易插入閏月以及配置連大月。夫左傳傳爲恐作於戰國時代中葉，其中載有下揭一段。

先王之正時也，履端於始，舉正於中，歸餘於終，履端於始，序則不愆，舉正於中，民則不惑，歸餘於終，事則不悖。

斯係記述以十九年法爲章首之插入閏法，且似於理想上務俾甲子（或甲寅），即曆日干支之標準，以及甲子歲（或甲寅歲），即干支紀年之標準，亦合於曆元者焉。

案七十六年法，其採用之近似值與眞值之差，在七十六年間，積成如下：

對於太陽曆之季節，爲　〇·六〇日

對於太陰曆之平朔，爲　〇·二四日

夫季節之有〇·六日之差，在古代，似不致成問題，惟對於平朔之有〇·二四日之差，其影響頗大，蓋以此四倍，則晦朔有一日之差，爰斯曾易引人注目者歟。

漢初日蝕之多起於時曆之晦者,亦爲是故。又普通稱爲作於前漢末之緯書春秋保乾圖所載「三百年斗曆改憲」者,乃亦示斯意也。春秋後半葉似曾行十七個月十七個月十五個月間隔之連大月配置法,而此法與眞正之平朔,頗相適合。蓋數千年間,僅差一日,是以前後對照,前者係當注意之事也。

春秋後半葉之插閏法,幾取則於十九年七閏法,由是,可察知,於春秋後葉或其接近之戰國時代,已有一定曆法,猶幸於戰國時代直後之秦漢時代,卽自漢初(西元前二〇六年)以降迄太初元年(西元前一〇四年)間,有三十二款日蝕記事以及五十六件有朔晦干支之記事(三十二個日蝕發生日之干支亦在內)。爰研究此等接續於戰國時代首尾時代之曆法,然後基諸此結果,似大可闡明戰國時代曆法之進化發達者也。

觀漢初百年間之日蝕記事,便使吾人注目者,卽日蝕之起於時曆之晦者甚多,此蓋因自施行一定曆法以後,歷時已久所致者,毫毋容疑。今整理此等日蝕記事,除去其若干實非指日蝕者外,就二十七個日蝕記事,平均其發生日,則爲起於朔以前〇·九二六日,此時代之曆法僅可謂是七十六年法,用此法,則約三一〇年,朔晦有一日之差,爰可知漢初所施行之曆法,大約當爲制定於西元前四百三四十年間者也。又整理有朔晦之記事,就漢初百年間五十四個朔日干支,假想各種曆元相異之七十六年法,而比較研究其基諸此等曆法所配置之連大月,則可察知甫述之五十四個朔日干支,當爲依據以西元前三六七年或四四三年等爲曆元之曆法。由是,以兩者並論,則可知漢初所實行之曆法之連大月配置法,確祇可爲以西元前四四三年爲曆元之七十六年法。更如延長春秋後半葉之連大月配置法(卽每十七個月,十七個月,十五個月)之循環,則西元前四四三年適可告一段落,頗適於新行一種七十六年法,斯亦當注意之事也。

又就插閏法而論,如更考究春秋後半葉之冬至正月曆,則可察知以西元前五九五年(宣公十四年)起始,自此每隔十九年之西元前五七六、五五七、五三八、五一九、五〇〇、四八一等年之歲首,皆當今日太陽曆之十二月十七日或十八日,更如自西元前五九五年改後七十六年之二倍,則適爲西元前四四三年。由是觀之,自春秋後葉至戰國時代初葉，其插閏法乃恐依據以西元前五九五年爲曆元之十九年法（或七十六年法）者乎。

如上所述，連大月配置法及插閏法係各自獨立發達而來，惟似在西元前四四三至同三六七年之七十六年間，兩者適相逢合，而巧得依循正式之七十六年法，但此時以冬至爲季節之標準，其推算之結果，較之眞正之冬至（今日太陽曆之十二月二十二日），輒有四，五日之參差。夫恐迨西元前三六七年前後，因用周髀觀測之結果，頓較前此精確，遂致發見此四，五日之差，抑或因察知西元前三七〇年（即較西元前三六七年前三年）或自此年後十九年之西元前三五一年之正月朔，係甚近於眞正之冬至節，而遂以其插閏法改爲依據以西元前三五一年爲曆元之曆法者乎。若斯之插閏法，恐以其原形又繼續傳至秦及漢初，惟於秦及漢初，依循一種簡便法而將閏月均置於歲終，但此等插閏之原形，果依據以西元前三六七年爲曆元之曆法，抑或基諸以西元前三五一年爲曆元者，乃由今日所存之文獻，不克判定，是至爲憾事。然於左傳，載有自西元前三五一年溯其前十九年之若干倍卽西元前六五五年（僖公五年）以及同五二二年（昭公二十年）之日至記事。又當太初年（西元前一〇四年）改曆之際以及其後一派人竭力所主張之殷曆，係以西元前三五一年爲曆元之七十六年法。又殷曆紀年法乃以西元前三六七年爲元始甲寅歲，諸此或恐示關於當時改曆事件之一端者歟。

通覽自春秋中葉至漢初之間，卽

以戰國時代爲中心前後五百年間曆法進化之大勢,則可要約之如下:

（一）西元前六〇〇年迄西元前四四三年

插閏法,係依據以西元前五九五年爲章首之十九年法。

連大月配置法,係依據每十七個月,十七個月,十五個月間隔之循環法。

（二）西元前四四三年迄西元前三六七年

插閏法係繼續前期。

連大月配置法,係依據以西元前四四三年爲曆元之七十六年法。

爰在此時期,已完全齊整於七十六年法。

（三）西元前三五一年以後迄太初元年

連大月配置法仍如前期，乃繼續於以西元前四四三年（或西元前三六七年）爲曆元之七十六年法。

插閏法係依據以西元前三五一年爲曆元之十九年法，迨秦及漢初，則基諸一種簡便法而採用歲終閏法。

（四）更就計算月之方法言之於下：

自西元前六〇〇年至西元前三三五年間，以含冬至之月爲正月。當西元前三三五年列國稱王之時，藉此時機，一年插置二個閏月，而遂改以含立春之月爲正月者歟，因爲若斯改變曆法，須示民衆以適當之理由，遂自西元前三五〇年間，唱道三正論而資宣傳甫述之意者乎。厥後,迨秦代,更爲三正論與五行說所累,此時計月,仍依據以含立春之月爲正月之方法,但以十月爲歲首,稱之曰順從水德之顓頊曆。

今以上古中國之曆法與西洋相較,則中國施行十九年法之時代,較之,梅頓之十九年法所施行之時代(卽西元前四三〇年間),約早百六七十年。又中國施行七十六年法之時代,較之,楷立普司之曆法(是一種七十六年法)所施行之時代(卽西元前三三〇年間),約早百年。爰以中國古代所制定之曆法,疑爲基諸西元前三三〇年間亞歷山大王遠征東方時所傳入中土之知識而作者,是誠如謂欲見冠履顚倒之一種空想而已。

飯島忠夫,以所謂顓頊曆者,爲基諸自西方所傳入中土之知識而作。余對此論據，似猶須辯解於次。夫所謂顓項曆者，隨時代而同名異義，往往易招誤解，由飯島氏之說，戰國時代中葉迄漢初間所行之曆法，即是所謂顓項曆，因認西元前三六六甲寅年正月（寅月）甲寅朔之晨初（寅刻）適爲立春節。甫述之所謂顓項曆者，乃以此時期爲曆元之七十六年法也。若斯年月日時刻之干支爲甲寅或寅，均齊於寅字，表示一種發生之意而俾之適合於立春之景象者，是決非自然之事，乃定必以此年稱爲甲寅歲，命此日爲甲寅日，而自此時計始者也。飯島氏並謂中國自受西元前三三〇年間所傳入之西方文化而起五行說，更基諸此五行說之思考而制定十干十二支。厥後，遂有干支紀年干支紀日，並制定顓項曆之曆元，由斯說，則所謂顓項曆者，僅爲自西方所傳入之楷立普司曆法之一種飜案者，當不待言。又春秋經中附有干支之日，定必在此時期以後，按所謂顓頊曆推算而插入者焉。爰顓頊曆之制定，實爲干支起原論，西方文化輸入中土說等之中心問題也。

然細心討究之，則謂有如上所述之顓頊曆者，乃全爲認識不足而起之誤解，毫無深顧之價値。蓋（第一）由研究漢初五十四款朔晦之干支，顯可察知如前所述之顓頊曆，乃決未行於漢初以及其前。（第二）縱謂第一點是問題，但至少迄秦代，並未行以西元前三六六年爲甲寅歲之顓頊曆紀年法。何以故，因呂氏春秋載有「維秦八年，歲在涒灘」。即以秦八年（西元前二三九年）記爲申歲，爰此時之紀年法顯與所謂顓頊曆紀年法相差一年。（第三）如自古已有干支紀日，則欲擇一年，其正月朔適爲甲寅日，並當立春節者，非爲難事，亦非稀罕，此得以實例示之。要之，飯島忠夫之顓頊曆之制定說，全屬架空之論，從而以此爲根據之古代西洋文化輸入中土之說，亦自當崩潰者矣。

七 紀年法之發達

隨曆法之制定而發達者爲紀年法。自古紀年以王公卽位年爲元年,惟至春秋戰國時代,周王室之統一,已趨混亂,各地方之局部的紀年法,亦乏統制,輒不免混雜,於是,自然欲規定一種紀年法,俾可全國普遍適合通行,幸於戰國時代中葉,觀測木星而察知其繞空一周適爲十二年(其實爲一一·八六年)。爰思以木星在天空之位置,用爲普通一班之紀年法,稱木星曰歲星,將沿黃道之一周天,自二十八宿之起首點爲始,十二等分之,而名之曰壽星,大火,析木,星紀,玄枵,娵訾,降婁,大梁,實沈,鶉首,鶉火,鶉尾。各年依歲星所在之次（甫述之十二等分稱曰十二次），而命名之，斯即歲星紀年法也。由十二次，所附之名稱觀之，亦可察知歲星紀年法者，乃始於戰國時代之中葉者焉。且因左傳及國語中之歲星記事，係非基於當時實際觀測之天象而作，乃皆以西元前三六五年歲星曾在星紀之事實爲基礎，自此以歲星每十二年一週天之比例，按推算而插入，故由是亦顯可察知歲星紀年法係始於西元前三百五六十年間者也。

然不幸在歲星紀年法之前，以冬至夜半所見天象之方位爲標準，並對照地上之方位，已將周天，自東向西（與歲星運行相反之方向），配以子丑寅卯辰巳午未申酉戌亥之十二支，斯爲分野之原始的思考，恐亦起始於戰國時代。爰此後以歲星自寅而丑子等逆行而紀年者,當時似曾大感不便。於是,假想一歲星之影像,其運行之方向與歲星相反,名此影像曰太歲或歲陰(或太陰)。當歲星在星紀(丑),則以太歲在寅。其翌年歲星在玄枵(子),則以太歲在卯,其他仿此。依十二支之順序進行,若是以各年太歲之所在,命名其年,稱此法曰太歲紀年法,此實即今日所行干支紀年法之前身也。

猶如爾雅所載「太歲在寅曰攝提格,在卯曰單閼,云云。」以攝提格,單閼等爲歲名,此恐因在太歲紀年法創始期間,已習用子丑寅卯等名稱,而爲避免名稱之混雜,特採用若斯稀奇之名稱者乎。按呂氏春秋,載有「維秦八年,歲在涒灘,秋甲子朔,云云。」秦八年爲西元前二三九年,按今日所通行之干支紀年法,此年爲壬戌,夫以此爲涒灘(申)之歲者,係依據以西元前三六五年爲寅年(歲星在星紀)而來,此乃原始的太歲紀年法也。

夫歲星繞天一周實非正十二年而爲一一·八六年,故如以歲星正十二年繞天一周,順次計算,則其結果與實際之天象,凡八十三年當差一次。由是,自早所用之太歲紀年法與後世由觀測實際之天象後推算者,其間有一次或數次之差者,理有是也。蓋如按西元前三六五年計算起之原始的太歲紀年法,太初元年(西元前一〇四年)當爲亥歲,然由漢初通用之紀年法,以此歲爲丙子,更因同年爲制定曆法,觀測天象,知歲星正在星紀,致不得不稱此歲爲寅歲(焉逢攝提格),夫太初制定曆法時,其進行途中曾受一頓挫者,蓋甫述之扞格,亦其一因也。

前漢末劉歆,以如上所述歲名混雜之原因歸依於歲星一周天較十二年稍早之故,而以歲星凡百四十四年運行百四十五次計算,即唱始所謂超辰法,並於西元前九五、二三九三八三年,使其超辰一次,更一方謂古法用歲陰,新法用太歲,依歲星與太歲各別計算,其結果相差二年,若是而俾記錄上之歲名與天象相調和,整理歲名之混雜,而劉氏信以爲發見千古可通用之紀年法者矣。然超辰紀年法過於複雜,不適於紀年之目的,故劉歆沒後,東漢人已不採用。建武三十年(西元五十年)當超辰而未使超辰,自是以後,紀年法乃全與歲星之運行無何關係,單按六十干支之順紀年,斯即今日所通行之干支紀年法也。如以此干支紀年法溯前推算太初元年之干支,則爲丁丑，此與當時算爲丙子者相差一年，秦八年當爲壬戌，惟此與當時稱爲申歲者相差二年。

八 戰國時代之天文

戰國時代，各種文物，諒甚活躍，優勝劣敗，於政治上自由競爭，諸子百家之說勃起，夫傳謂當時各國擁養之遊士食客，數以幾千計，就中得發揮其才識者，爲數定非稀少。但不幸此時代之文獻，概爲秦火所炬，勿傳於今，是以今日足供吾人研究其間文化之史料甚鮮，然遽以之爲暗黑時代者，是屬謬誤。又有如疑爲此時代之文化大都自西洋傳入者，亦屬失當之誣言，蓋僅整理其遺下之斷片的史料，忠愼研究之，則卽如就天文曆法觀之，此時代至少有「制定曆法」，「創始紀年法」，「觀測五星之運行」，「唱道五行說」，「測定恆星界」，「編纂星經」，「創始爲星占用之分野法」等史跡，且頗得闡明其發達之徑路以及甫述各項相互間之聯絡等，爰於科學方面之活動而言，戰國時代誠呈百花繚亂之觀，是以謂此時代之文化係自西洋傳入者，乃無成立之餘地也明矣。

關於戰國時代之文獻，首當舉左傳，惟關於其著作年代，古來諸說紛紜，莫衷一是，然由研究左傳中之歲星記事，則此等記事皆係認西元前三六五年，歲星曾在星紀，而自此按歲星每十二年一周天之比例推算記入者，當毋容疑。又如將此等歲星記事以及左傳中關於各國興亡之預言的中與否等，並行參考研究之，則可推知著作左傳之年代，當在戰國時代中葉（即西元前三百五十年間），若斯決定左傳之著作年代後，則關於戰國時代中葉之曆法，紀年法，五行說，分野說等之重要史料，實可謂均包藏於左傳中也。

曆法之創制，紀年法之發達等，在戰國時代，曾爲顯著之發展者，已如上述。左傳載有「先王之正時也，履端於始，舉正於中，歸餘於終」。此乃示著作左傳當時，使用十九年七閏法，由來已久。孟子載有「天之高也，星辰之遠也，苟以其故，千歲之日至，可坐而致也」。孟子之活動時代在西元前三二〇年前後，爰由上示之文句，可察知孟子時代，對於當時曆法之精確程度，已頗信任者矣。

關於三正論之文獻，尙書甘誓篇載有「有扈氏，威侮五行，怠棄三正」，惟不應以此爲著作甘誓時代已有三正論，而當以爲著作甘誓之時代尙在其後代之意,其文獻之時代確實者,似當以左傳昭公十七年款所載「火出,於夏爲三月,於商爲四月,於周爲五月」,爲始者乎。夫著作左傳當時(即西元前三五〇年前後)之曆法,爲冬至正月曆,但頗思以之改爲立春正月曆,甫述左傳之文句似即示此意。若是爲思改變曆法而唱道三正交替論。厥後,於西元前三三五年,果將冬至正月曆改爲立春正月曆,於是,三正論與五行說,遂共變爲政治上之易姓革命論者,或可謂是自然之勢也歟。

五行說雖亦見於尙書甘誓及洪範,惟當視爲戰國時代以後所竄入,其文獻之時代確實者,亦以左傳所載者爲始。夫至戰國時代,因自所謂堯舜時代以降二千年間努力於觀象授時之故,方得制定正確之曆法,調和太陰曆與太陽曆,俾季節毫無參差。於是,得隴望蜀,人之常情。更進一步,試說明天地間一切現象,而遂致創始五行說者乎,藉上古以來由觀象而發達之天文知識,並原以爲天象爲一體,星辰間之位置,毫不變化,而因於其間認有與時變化其位置之五個星。於是,以天上五星之運行及地上一切現象,爲由瀰漫於天地間五要素(或氣)之消長交替而生。以所謂五要素者,爲古來人生所必須之要素,遂以有如木之性質,如火之性質,如土之性質,如金之性質,如水之性質者爲此五要素。此等要素之消長交替,係循下示之順序。

木生火,火生土,土生金,金生水,水生木。

或

水勝火,火勝金,金勝木,木勝土,

土勝水。

斯卽所謂五行說也。前者曰五行相生說,後者曰五行相勝說。左傳中所載之五行說微示二者之原始形耳。

十干紀十日,十二支紀一年十二個月,此係創始於殷代,因此記號簡單,遂應用於各方面。殷代巳以六十干支紀日,前漢時代有十母十二子之稱,迨後漢,稱曰十干(幹)十二支(枝),自以干支配當於時及方位後,更俾此思考結聯五行說,以甲乙配木,丙丁配火,戊己配土,庚辛配金,壬癸配水,寅卯配木,辰配土,巳午配火,未配土,申酉配金,戌配土,亥子配水,丑配土,若是以干支及五行,配當於一切時及方位,從而試以說明天地間一切現象發生之理,斯卽所謂干支五行說,對於五行之配當於干支,左傳中亦微示其一端。

陰陽八卦說，亦產生於戰國時代，其由來似自晝夜日月之交替，卽以天地間一切現象，應依陰陽交替之理，分爲二，四，八，十六。而由對立交替的方法，說明之，此說係記述於易經繫辭傳。但此繫辭傳似編述於戰國時代中葉以後者也。

五行說自創始於戰國時代中葉以後，一方結聯三正論而用爲指定帝王相承之順序，致於周末秦漢時代，在政治上占有重大意義。又於他方，結合干支說而變爲干支五行說，更迨漢代聯合陰陽八卦說而成陰陽五行說，普通一班遂信此陰陽五行說爲說明天地間一切現象之根本原理。迨爾後，近世科學勃興期止，約二千年間，構成東方思想界之特色，夫例如觀，漢書五行志之記載，亦可察知當初崇尙「欽若昊天」之精神,忠實觀測自然現象,以驗各說之當否。然降至後世,致成迷信淵源之觀者,是誠可謂遺憾者矣。

觀測恆星界,亦於戰國時代,有劃期的發展,夫自周初以後,採用二十八宿法,以觀測月之運動,後至戰國時代,並觀測五星之運行,於是,爲俾此等觀測結果益臻精確,必須觀測主在黃道近邊之恆星之位置,以作標準,從而更涉於天空全體之恆星之位置,自是而漸至得恆星之精確位置者,乃自然之趨勢也。按前漢末劉向之七錄,載有「甘公楚人,戰國時,作天文星占八卷」。又「石申魏人,戰國時,作天文八卷」。更按宋代邵康節之皇極經世書,載有「五星之說,自甘公石公始」。夫恐於戰國時代中葉,有甘公,石申二人,頗通曉天文,曾觀測五星而開星占術與五行說之基礎,且始用歲星紀年法,同時自然與此關聯而曾觀測若干恆星,定其名稱,測定其位置,諸此幾無容疑。惟不幸惜其事蹟所傳不明耳。

今日漢魏叢書中,有稱爲甘石星經之一部,惟此顯係後世之僞作,乃無深顧之價值。但於稱爲唐初之開元占經中,引有石氏甘氏之言,並載有約百二十個恆星,至黃道之距離以及其離北極之度數。上田穰(現日本京都帝大教授)以此爲研究之問題,就其傳來及內容,詳加檢討,得復所謂石氏星經之一部。按上田氏研究之結果得證明其可確定之約九十個恆星之位置,係西元前三百年乃至三百五,六十年間所測定者也。

猶按漢書天文志,載有「太歲在寅,曰攝提格,歲星正月晨出東方,石氏曰，名監德，在斗牽牛，失次杓，早水晚旱，甘氏在建星婺女，太初曆在營室東壁，云云。」此係示，如以歲星正十二年一周天，則石氏甘氏之觀測與太初年間之觀測，其間當有若干舛差之意。今以此爲資料，推測石氏甘氏之時代，則爲西元前約三百六十年間。

由如上二方之推定，甘公石申之時代，大概爲戰國時代中葉卽約西元前三百五，六十年間，此二人曾觀測五星之運行，同時測定約百二十個恆星之位置者，至極明顯。今日西洋所稱多綠某(C. Ptolemy, A. D. 180)之恆星表者，傳謂西元後二世紀多綠某案諸西元前二世紀依巴谷(Hipparchus)觀測之結果所記載，其中載有一千零二十個恆星之位置，較之甘石星經所載者，爲數固多。但其觀測之年代，則遲二百年。且甘石星經之測定之精確程度,略與多祿某之恆星表相埒,故甘石星經實可誇爲世界最古之恆星表也。

以天象配當於地方,卽所謂分野之思考,其由來甚古,蓋中國古代以天河擬爲地上之漢水,稱曰天漢或河漢,楷爾底亞古代則以之擬爲底革里斯(Tigris)與幼發拉的(Euphrates)之二大河,故可謂分野之思考係起自原始時代,且至屬自然。中國古代以參爲晉星,火爲殷(宋)星者,是較此更進一步之思想。此等星象,因在久長期間,用爲觀象之標準物,卽稱之謂辰。於是,遂致奉爲守護地方之神。按國語所載,周武王伐紂時,歲星在鶉火,惟斯係自創始歲星紀年法後由推算而得者毋疑,故周與鶉火之關係,當在西元前三百五,六十年以後,關於分野之配當法,大概以實沈配於趙(晉),大火配於宋,鶉火配於周,以此等爲既定之條件,然後將周天順次配於周界之諸國,由甫述,周之分野爲鶉火,魏之分野爲西元前三六五年間所遷之都名,大梁,按此二款推算,制定分野之年代,似爲西元前三百五十年前後。

九 太初曆之制定

前漢武帝太初元年（西元前一〇四年）之制定曆法,是中國天文學史上當特筆大書之事蹟也。中國自此時以後迄至今日,其間改曆者約五十次,此等曆法悉載在正史,得由今日逆行推算,毫無疑義,太初曆乃實開此先例之首初曆法也。

漢代所實行或所討論之曆法,皆爲十九年法,但要不外如下之二種:

(一)四分曆法　苟以一年之長爲三六五·二五日,並以十九年之章法爲正確者,則有如下之關係。

$$365.25 \times 19 = x \times 235$$

$$x = 29\frac{499}{940} = 29.53085$$

即一個月之長爲二九·五三〇八五日，而朔之位置，凡三百年差一日，季節凡四百年差三日。

(二)八十一分法　因爲參酌日蝕週期，以一個月之長爲二十九日八十一分之四十三，更如以十九年之章法爲正確者，則有如下之關係。

$$x \times 19 = 29\frac{43}{81} \times 235$$

$$x = 365\frac{385}{1539} = 365.2502$$

即一年之長爲三六五·二五〇二日，其月之長與一年之長，殆與四分曆法相同。

次關於選取曆元之方法述之，如取四分曆之十九年一章之三倍五十七年，則有如下之關係。

(三)　$$365.25 \times 19 \times 3 = 20819.25$$

$$29.53085 \times 235 \times 3 = 20819.25$$

爰凡滿五十七年,季節與朔相一致,干支差〇·七五日,即約差一日,利用此關係,當施行四分曆法,而曆面之朔晦,後於天象時,輒以曆元提上五十七年,此法蓋屢試於漢代者也。

制定太初曆當時之事情,悉詳述於史記曆書及漢書曆志中,此時之觀測法或推算法,究竟發達至若何程度,以及當局者外,當時民間如何論議天文曆法之學等,顯皆可案諸此等文籍察知,惟不幸史記與漢書之記事,就其表面觀之,宛若有矛盾,自古以來,未嘗有明其眞相者,迄今太初曆之究係若何曆法,學者間之意見,尙無一定,誠不可不謂遺憾也。

當時制定太初曆之議案,係由太史公與朝野許多專門家所成之委員會研究之,後不久決定之案爲史記曆書所載之曆術甲子篇，即以太初元年前十一月甲子朔爲曆元之四分曆法，且實施此曆之詔書，亦已頒布，但此案以當時人算爲丙子之太初元年，改稱爲甲寅歲，並以立春正月改爲冬至正月，是可謂純屬理想之曆案，致其實施時，以諸多不便，似曾激受各方非議，遂不得已將此曆案撤回中止者也。厥後，更增委員，再行調查，其不久決定採用者，稱爲鄧平之八十一分法，此係太初元年最初施行之曆法，即所謂太初曆。又就其內容（載於漢書律曆志）言之，亦稱爲三統曆。後至前漢末，劉歆附加超辰紀年法於此三統曆，因三統曆解說春秋之記事，可極其微妙之處，遂致有誤解以三統曆爲劉歆所作者焉。

太初曆之八十一分法，其實際採用之數值，幾同四分曆法，蓋其相差僅爲日之零數，更因以分數表示此零數，考慮及交點月之週期，故於理論上極爲優良之曆法，且因是，其循環之週期遠較七十六年爲長，故似無須強行固執以太初元年爲元始的歲名（甲寅），自然，與實際派，亦易妥協。關於制定太初曆當時，諸議論之推移，甚饒有興趣，而其結果所創制之八十一分法乃示當時曆數之進步，是頗值驚嘆之事蹟也。

夫太初曆卽八十一分法中，參酌日蝕週期之百三十五個月法者，乃特須注意之事也。就精密程度之順而言，日蝕週期有八十八個月法，百三十五個月法，二百二十三個月法，三百五十八個月法等，任取其一，悉幾近正確。西洋所稱之日蝕週期爲楷爾底亞人所發見之沙老士，其間約爲二百二十三個月（即約十八年），而中國太初曆所用之日蝕週期，則爲百三十五個月（約十一年），豈不奇哉。今觀東西洋所用之日蝕週期不同如斯，此足以確證迄西元前百年間，中國天文學斷未曾受西方文化之影響者也。

十 中國上古之年代

關於中國上古之年代，自周共和元年（西元前八四一年）以來，史記載有諸侯年表，且周本紀與諸侯世家之記事，亦頗相一致。故關於紀年之當否，殆無問題。惟其前之年代而爲今日普通所傳承者，則皆基諸前漢末劉歆之推算而得者也。

春秋之文係循年述史，卽爲編年體之體裁，余以爲當孔子編述此春秋時，斷爲取於隱公元年（西元前七二二年）以後所賡續之資料，至對於其前代者，則僅取斷片的根本史料，卽以之爲尙書，而保存其原形，然由是推察，在春秋戰國時代以前，如有長於曆數者,整理此等史料而切磋之,則以當時所存之根本史料,或已足以確定周初乃至殷商之年代也。但不幸此等根本史料,大部分爲其後代秦火所炬,致太史公作史記時,雖竭盡其長才,似亦僅得確定上古之年代至周共和元年(西元前八四一年)而已。更於其百年後,前漢末,劉歆特具曆數之才能,班固嘆服之,而指稱其推法密要。劉氏整理當時所賸存之根本史料,得遠溯至周初及殷初而推定其年代。爾後,普通一般所用關於殷周之年代及殷周以前之年代,乃皆以劉氏之此推算爲基礎而得者也。

劉歆作爲推算根據之史料以及其推算法,係詳載於漢書律曆志世經,其用爲推定周初年代之史料,要爲國語所載「昔武王伐殷,歲在鶉火」以及尚書武成篇之「一月壬辰旁死霸」之二款而已。夫劉歆以爲國語所載之記事,是傳當時實際之天象,並信歲星以十二年一周天,每百四十四年超辰一次。爰例如自左傳所載晉文公奔狄之年(西元前六五五年)歲星曾居大火,出發,溯其前,於西元前六七一,八一五,九五九,一一〇三等年各超辰一次,則所謂「歲在鶉火」之年爲西元前一一一〇年,或爲自此溯前十二倍數之年。一方關於月相之旁死霸,解釋爲朔之翌日,故更加以一月二日之干支爲壬辰之第二條件。於是,檢擇其滿足前後二個條件之年,則適爲西元前一一二二年,惟觀向來所傳不完全之周初王公在位年數,甫所得者,不免過遠。劉氏竟強以魯公之歷代年數修改之而俾之調和者焉。

由今觀之,國語所載之「歲在鶉火」,決非當時之天象,此乃自戰國時代中葉創始歲星紀年法以後,國語之著者,因爲適合當時所知之周初年代而推定者耳。由是,今以西元前三六五年「歲星在星紀」之記事爲基礎,以歲星十二年一周天(無超辰)之比例推算,則著作國語時代所知之周初年代,爲西元前一〇六六年或其前後十二年之整數倍之年,猶關於月相之解釋,如依近世王國維之研究,旁死霸爲月之第四週中之第二日,故一月二十三日爲壬辰,今擇其年之並適合於此者,則當爲西元前一〇六六年。甫所述者,乃用劉歆作爲推算根據之同一史料,僅對於其推算法加以若干當然之修正而已。若是所推得之周初年代(西元前一〇六六年),比之劉歆所推得者(西元前一一二二年)早五十六年。要之,余僅修正二千年前劉歆所試之推算,以完成其志。又一方僅活用迄戰國時代所傳之根本史料而已。

吾人非獨能確定如西元前一〇六六年之遙遠年代,且於此時代更得若干附有干支紀日之記錄;此實足以示中國古代天文之由來已久。此等記錄(尙書),縱由天文曆法上觀之,實亦當謂是難得之史料也。

對於推算周以前之年代,在劉歆時代,似已乏可信憑之史料劉氏以稀少之資料爲基礎,推算殷代全部爲六二九年,惟此推算法,頗欠妥貼。又以夏代全部爲四三二年,但並未記明此推算法,今日普通一班所用中國之上古年代,採用此二値,然斯不値憑信。要之,依據至戰國時代所傳之文籍,祇可察知大約殷代全部六百年,夏代全部五百年之程度而已。

關於堯之年代,按尙書堯典,載有如下之天文記事。

> 日中星鳥,以殷仲春,日永星火,以正仲夏,宵中星虛,以殷仲秋,日短星昴,以正仲冬。

此恐係傳當時之天象,以此爲基礎,推算堯之年代,則大約爲西元前二千三百年,惟按堯典,尙載有

> 朞三百有六旬有六日,以閏月定四時,成歲。

但此顯係基諸春秋中葉以後,或恐戰國時代之思考而作者毋疑。爰思確定堯之年代,對於堯典之內容,更須細心討究之也。

伏義,神農,黃帝之名,皆始見於戰國時代以後之文獻,漢書律曆志世經

亦揭有此等名稱，但未載有其年代。夫此等名稱，恐爲戰國時代中葉以後各種學派溯其前而加上之假想的神皇也歟。蓋不當以之爲歷史上實在之帝王也。

今日普通所傳中國上古之歷史中，其以律曆志世經所載之年代（劉歆推算之結果）爲基礎，而整理古來之傳說者，爲數非鮮。諸此對於劉歆所推算之一部分，應加以修正，而同時須重行討究者也。

十一　結論概要

關於中國上古之天文曆法，自太古至漢代，係漸次至極自然的發達，而幸在此發達途中之重要事項，概可歷歷指點者焉。

在純太陰曆時代所用月之三分法及四分法，東洋有旬法，西洋有週法，對於東西兩洋之文化史中，各與以特色，迄今日尚留有痕跡。

在觀象授時之時代，觀測參，大火，北斗等即所謂辰，以決定時節。此等辰，對於農業時代之初期，至極重要。蓋後代竟以大火附近星象所構成之形，擬爲天龍。又以北斗比妙見菩薩（佛教用語）。要之，中國上古所謂辰者，極爲一班世人所尊崇，乃爲東洋思想界之重要事項也。

就觀象授時法而言，周初用二十八宿法，迨春秋中葉始用周髀觀測而大進步，遂漸入曆法時代。夫自春秋中葉（西元前六〇〇年）以後，似已用十九年法，自戰國時代初葉以後，似已用七十六年法矣。

印度與波斯之二十八宿法之流傳，是當注意之重要事項。蓋由是，可察知在戰國時代以前，中國之文化曾傳入印度者也。又有疑中國戰國時代中葉，其曆法之知識，係自西方傳入中土者，然由研究春秋至戰國初葉間之曆法，可察知其發達之情狀，係完全獨創，並未受自外傳入之文化之影響，爰可完全否定甫述之疑矣。

由天文曆法上觀之，中國戰國時

代之文化,至極活潑,蓋此時代有「制定曆法」,「創始紀年法」,「觀測五星之運行」,「唱道五行說」,「測定恆星界」,「編纂星經」,「創始爲星占用之分野法」等史蹟故也。

太初曆之制定,對於古代天文曆法,是可謂一大進步,顯示一段落。劉歆以此爲基礎,鉤稽春秋之曆法,整理上古之年代,當時曾被讚爲推法密要,然由今觀之,是更須重行討究者也。